CONTAINER & PREFAB HOUSING
Sustainable and Affordable Architecture

© 2020 Monsa Publications

First edition in 2020 April by Monsa Publications,
Gravina 43 (08930) Sant Adrià de Besós.
Barcelona (Spain) T +34 93 381 00 50
www.monsa.com monsa@monsa.com

Project director Anna Minguet.
Art director Eva Minguet.
Layout Marc Giménez.
(Monsa Publications)

Printed in Spain by Gómez Aparicio.
Translation by SomosTraductores.

Shop online:
www.monsashop.com

Follow us!
Instagram @monsapublications
Facebook @monsashop

ISBN: 978-84-17557-18-8
D.L. B 5817-2020

CONTAINER & PREFAB
HOUSING
Sustainable and Affordable Architecture

monsa

Intro

The history of prefabricated architecture is an exciting journey through the desires and needs of individuals and the societies in which they live. Industrial processes create products and goods for society in order to achieve sustainable, contemporary and quality architecture.
The making of architectural projects made partly or totally from recycled freight containers is getting more and more common, and added to this, the need for a more sustainable construction is also becoming increasingly necessary. Lots of architects and designers have reinvented the prefabricated house with new materials and construction techniques, which are easy to transport, some even able to be built in a single day in surprising locations.
This sort of architecture encloses a life philosophy. It is mainly about economising expenses, achieving a more accessible architecture for everybody, and with criteria which are respectful to the environment.

This book includes 16 selected projects, all developed with graphics, exterior and interior images, plans, elevations, sections, construction details and other useful specifications.

La historia de la arquitectura prefabricada es un apasionante recorrido por los deseos y necesidades de los individuos y de las sociedades en las que viven. Los procesos industriales crean productos y bienes para la sociedad, consiguiendo una arquitectura de calidad, sostenible y contemporánea.
La realización de proyectos de arquitectura hechos en parte o en su totalidad con contenedores de carga reciclados, es cada vez más común, y unido a la necesidad de una construcción más sostenible, también es cada vez más necesario. Muchos arquitectos y diseñadores han reinventado la casa prefabricada, con nuevos materiales y técnicas de construcción fáciles de transportar, algunas incluso capaces de ser montadas en un solo día en lugares sorprendentes.
Esta forma de arquitectura encierra toda una filosofía de vida. Principalmente se trata de economizar gastos, consiguiendo una arquitectura más accesible para todos, y con criterios respetuosos con el medio ambiente.

En este libro se incluyen 16 proyectos seleccionados, todos desarrollados a nivel gráfico, con imágenes de exterior e interior, planos, alzados, secciones, detalles constructivos y breve memoria especificando los temas más singulares del proyecto.

Kiss-Kiss House

LAZOR OFFICE : FlatPak
Rainy Lake (Ontario), Canada
Photos: © Peter VonDeLinde

On-site construction time for prefabricated houses is minimal: the modules
are made in the factory and just need to be joined together on the ground. To
reduce times even further, this project introduced a minimal assembly zone,
giving the house a V shape. Thus the in-factory construction rose to 95% for
this model, whose shape earned it the name of the "kiss-kiss house".

En casas prefabricadas el tiempo de construcción in situ es mínimo: los
módulos se hacen en fábrica y en el terreno solo se unen entre sí. Para
recortar aún más este tiempo, en este proyecto se introdujo una zona de
ensamblaje mínima, lo que da a la casa forma de V. Así, el porcentaje de
construcción en fábrica aumentó hasta el 95% y su particular forma le dio
nombre: casa del beso.

As the property was perched on a slope, wooden walkways were built to provide access from the garage to the apex of the house and the lounge.

Al encontrarse la vivienda en una pendiente, se construyeron pasarelas de madera que facilitan el acceso desde el garaje al vértice de la casa y el salón.

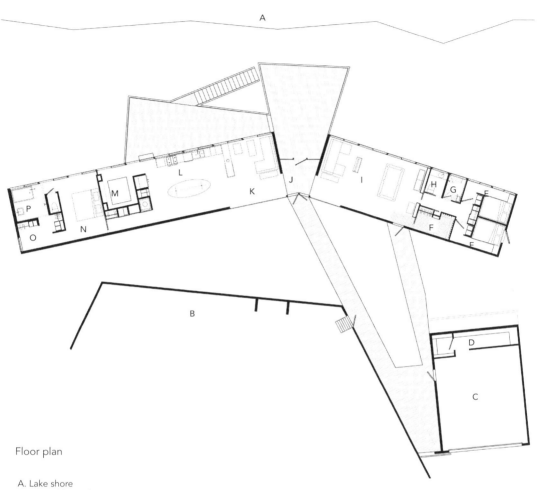

Floor plan

A. Lake shore
B. Vegetable garden
C. Garage
D. Storage
E. Bedroom
F. Entry
G. Shower
H. Toilet
I. Living room
J. Breezeway
K. Lounge
L. Kitchen
M. Den
N. Master bedroom
O. Walk-in-closet
P. Master bathroom

A double-sided fireplace separates the kitchen and living room, providing heat to the house in winter. The glass façade provides a point of reference with the terrace and lake.

La cocina y el salón se separan por una chimenea a doble cara que en invierno caldea la casa. La superficie acristalada comunica con la terraza y el lago.

This shape offers other advantages: it facilitates cross ventilation throughout the home and almost all the rooms benefit from lake views.

Su forma también conlleva otras ventajas: casi todas las estancias tienen vistas al lago y se facilita la ventilación cruzada en la vivienda.

Kensington Residence

ArKit
Kensington (Melbourne), Australia
Photos © Tobias Titz

This cosy two-bedroom home was erected in just two weeks, using three perfectly finished sections. One of its key considerations was interior air quality. All the materials and construction techniques were selected for their small carbon footprint, and the finishes were chosen for their low particle emissions.

Esta acogedora vivienda de dos dormitorios se instaló en apenas dos semanas, a partir de tres secciones perfectamente acabadas. Uno de sus compromisos es la calidad del aire en su interior. Todos los materiales y técnicas de construcción se eligieron teniendo en cuenta la huella de carbono que producirían, y se emplearon acabados con baja emisión de partículas.

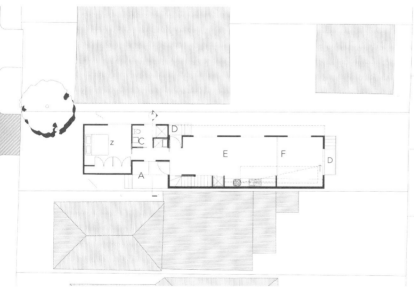

round floor plan

Front entrance
Bedroom
Bathroom
Back entry
Kitchen
Study

Most of the prefabrication process was undertaken before installation, making this project a fine example of lightning construction.

La mayor parte del proceso de fabricación se hizo de manera previa a la instalación. Por eso, esta vivienda es un ejemplo de construcción relámpago.

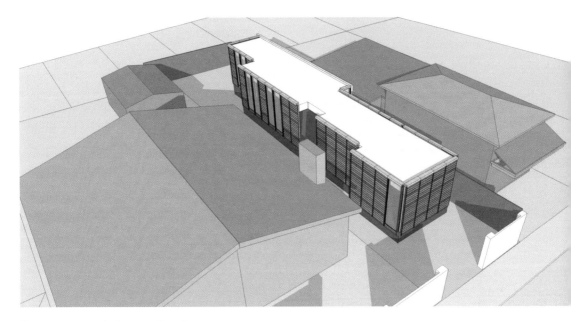

Computer generated perspective view

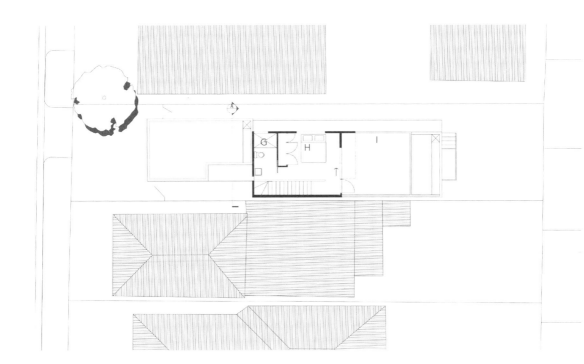

Second floor plan

G. Ensuite
H. Master bedroom
I. Terrace

The wood-panel exterior is as spectacular as it is energy efficient. It is one of the most impressive ideas to come out of the ARKit studio.

El acabado exterior a base de paneles de madera, tan espectacular como energéticamente eficiente, es una de las ideas más aplaudidas del estudio ARKit.

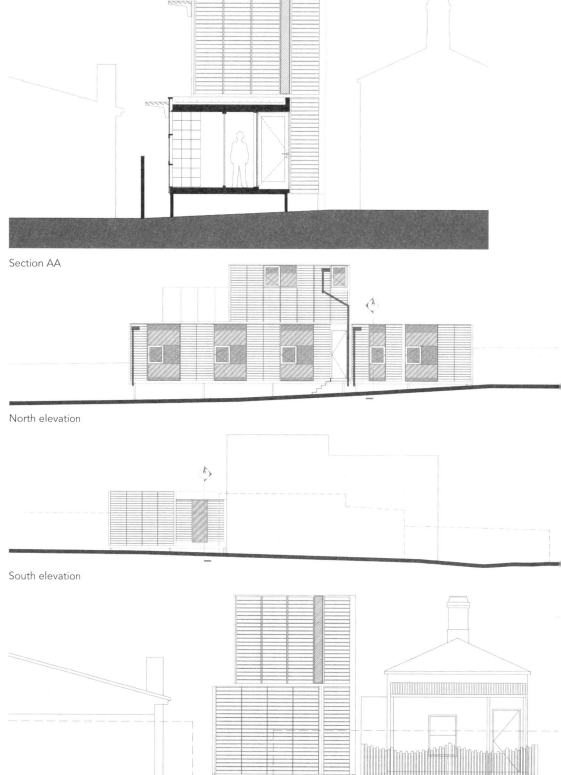

Section AA

North elevation

South elevation

West elevation

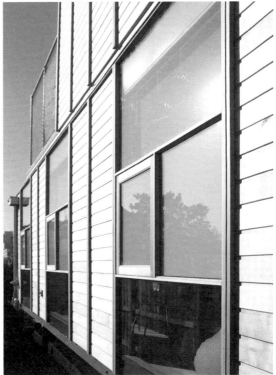

House on Sunset Ridge

4 Architecture. Joseph Tanney, Robert Luntz
Norfolk, CT, USA
Photos © RES4, Paul Warchol

Conceived as a weekend sanctuary for a New York family, this home enjoys
a privileged location on a hill offering magnificent views. It consists of six
exemplary eco-friendly modules (with green roof, wood from managed forests
and an energy-efficient boiler...) with terraces, windows and a conservatory
to provide maximum natural light.

Concebida como un santuario de fin de semana para una familia neoyorquina,
goza de una ubicación privilegiada, sobre una colina con magníficas vistas.
Consta de seis módulos ejemplarmente ecosostenibles (cubierta ajardinada,
madera de bosques controlados, caldera de alta eficiencia energética...) y sus
terrazas, ventanales y porche acristalado le permiten maximizar la luz solar.

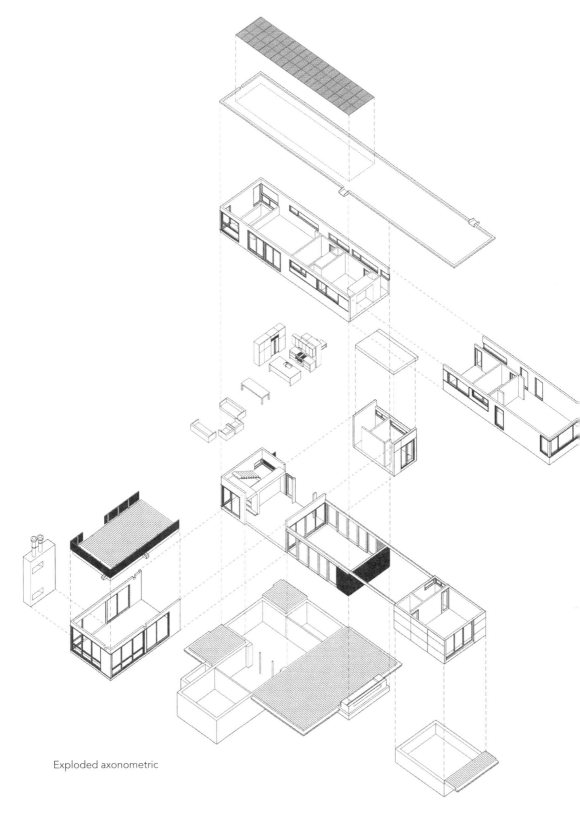

Exploded axonometric

This spectacular outdoor fireplace creates a year-round multipurpose entertainment space, even in the cold climate of Connecticut.

Esta espectacular chimenea al aire libre habilita la terraza como un espacio de ocio multiusos durante todo el año, incluso en el clima frío de Connecticut.

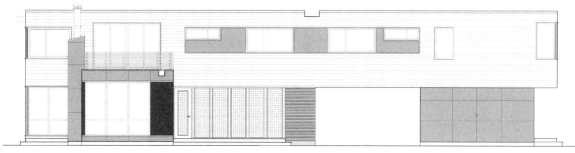

North elevation

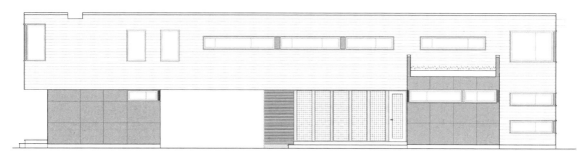

South elevation

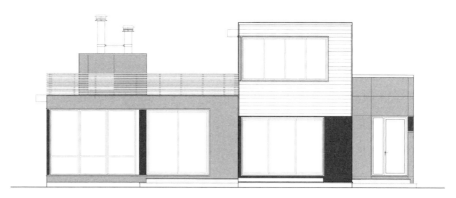

West elevation

East elevation

0   2   6   9   12 FT

The common rooms (dining room, kitchen…) are on the ground floor while the upper floor, which houses the bedrooms and bathrooms, is more private.

La planta baja contiene las estancias comunes (comedor, cocina…). La superior tiene un carácter más privado, ya que alberga los baños y dormitorios.

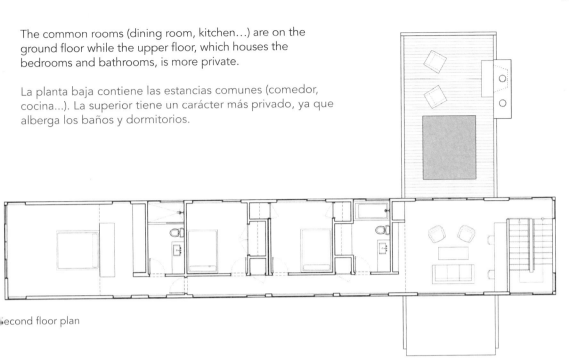

Second floor plan

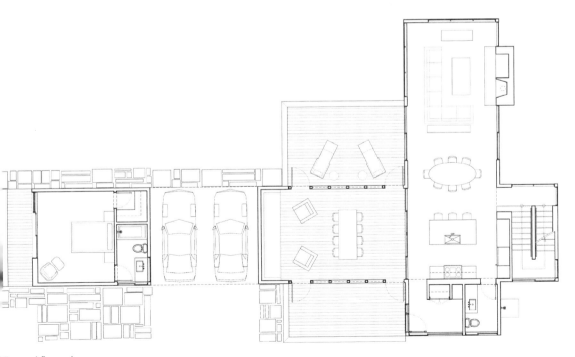

Ground floor plan

Lake Iosco House

4 Architecture
Bloomingdale, NJ, USA
Photos © RES4, Steve Hockstein | Harvard Studio

This building is a second home belonging to a single mother and young son. The house that stood formerly on the plot was dark and did not make the most of its environment. "It looked like a cave", says the owner. Together with the architects she planned this home as two linear floors that were as close as possible to the lake, offering views from every room.

Este proyecto es la segunda residencia de una madre soltera y su hijo pequeño. La casa que había antes en esta parcela era oscura y no disfrutaba del entorno. "Parecía una cueva", dice la propietaria. Junto con los arquitectos, planificaron esta residencia de dos plantas lineal tan cerca del lago como fuera posible y con vistas desde todas las habitaciones.

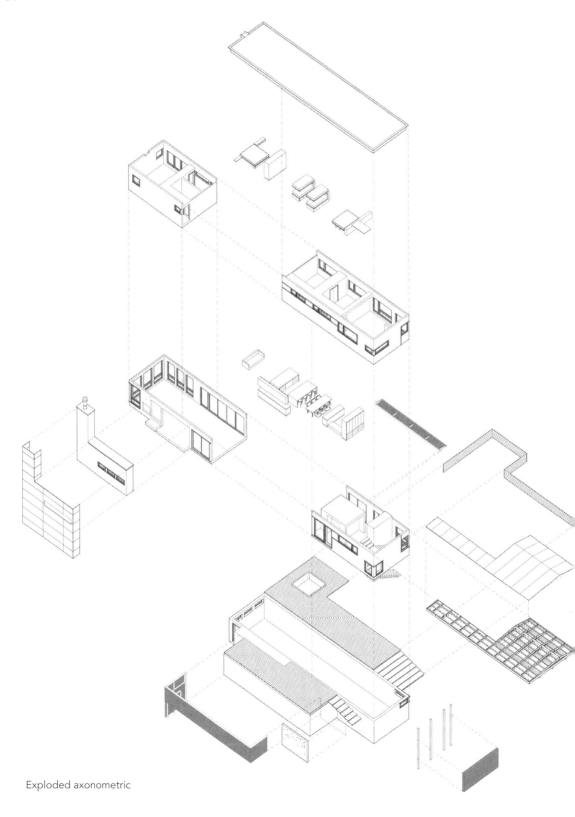

Exploded axonometric

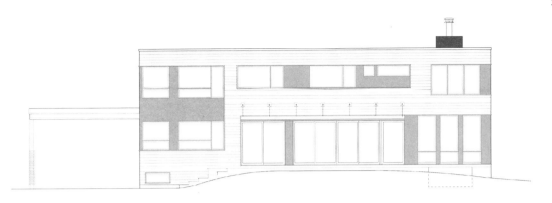

North elevation

South elevation

The large lounge, open to the dining room and kitchen, dominates the ground floor. The exterior is designed with terraces to east and west to enjoy the sunrise and sunset.

En el plano destaca el gran salón abierto al comedor y la cocina. En el diseño exterior, las terrazas al este y oeste, para contemplar el amanecer y la puesta de sol.

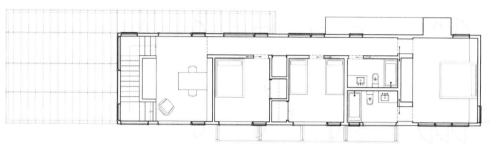

Second floor plan

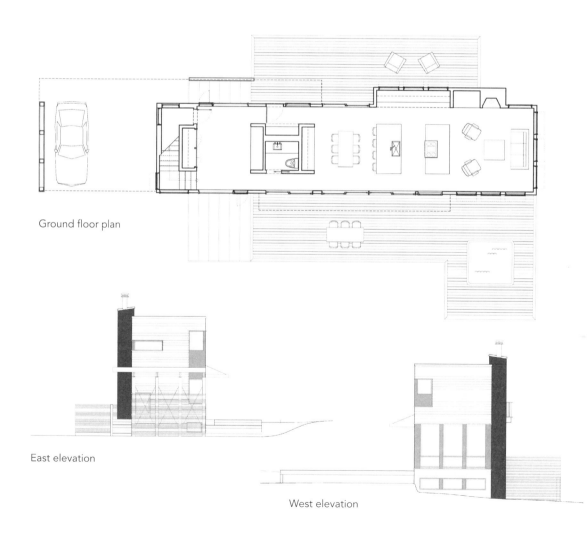

Ground floor plan

East elevation

West elevation

The owner looked at a number of different projects that could be adjusted to meet her needs. This prefabricated four-module house met every single one. On the first floor next to the stairs is an open studio, which marks the separation between the house's communal and private areas.

La propietaria buscó distintos proyectos que se ajustaran a lo que quería. Esta casa prefabricada compuesta de cuatro módulos cumplía todas sus expectativas. En la primera planta, junto a las escaleras, se encuentra un estudio abierto que marca el final del área pública y el principio de las zonas privadas.

Norticote

Modscape
Northcote, VIC, Australia
Photos © Chris Daile

The highlight here is the simplicity of the house as seen from the street, which belies its real depth. Composed of five prefabricated modules placed on two off-centred planes, this home redefines the concept of modern family living. It invites us to use our imagination and embrace passive design when creating our home.

En este proyecto destaca la sobriedad de la casa vista desde la calle, que no hace sospechar la profundidad del plano. Compuesta por cinco módulos prefabricados ubicados en dos plantas desfasadas, esta residencia redefine el concepto de hogar moderno para una familia y nos invita a usar la imaginación y el diseño pasivo a la hora de idear nuestra vivienda.

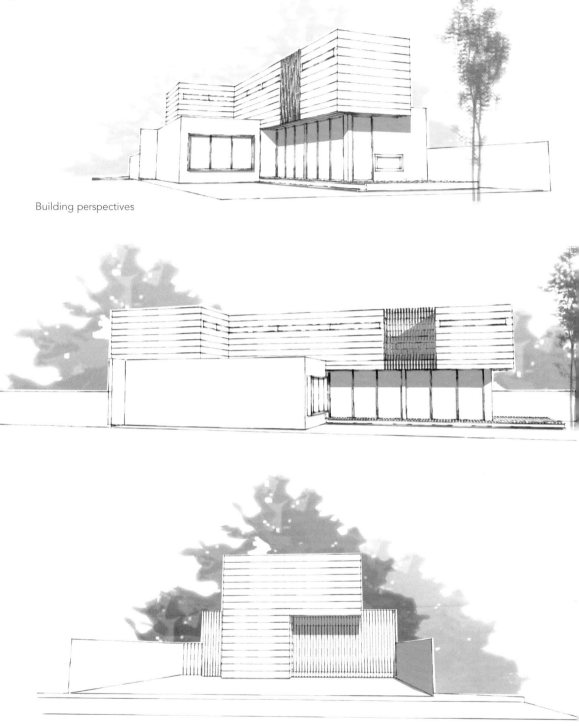

Building perspectives

Closed to the street, the front façade is also the garage. This floor also includes an open-plan space comprising kitchen, dining room and lounge, open to a terrace.

La fachada a la calle, cerrada, también es el garaje. En esta planta también hay un amplio espacio, abierto a una terraza, que engloba cocina, comedor y salón.

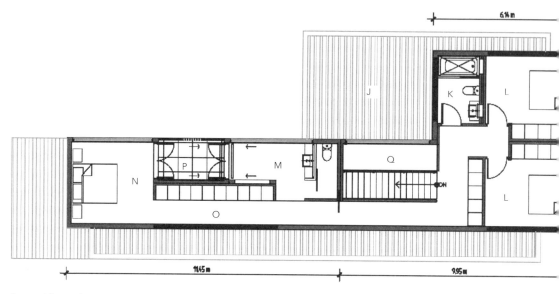

Second floor plan

A. Entry
B. Garage
C. Study
D. Toilet
E. Laundry room
F. Living area
G. Kitchen
H. Dining area
I. Deck

J. Roof below
K. Bathroom
L. Bedroom
M. Ensuite
N. Master bedroom
O. Walk-in-closet
P. Balcony
Q. Void

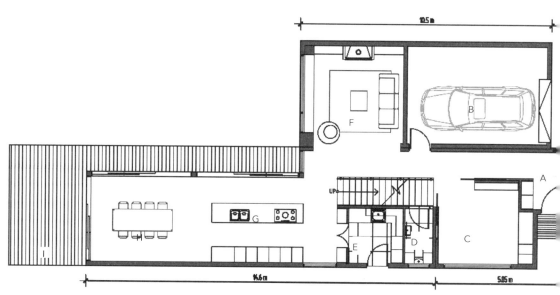

Ground floor plan

Dwell Home

4 architecture. Joseph Tanney, Robert Luntz
Pittsboro, NC, USA
Photos © Jerry Markatos, Roger Davies

The Dwell Home is situated on a hilly site among 7 wooded acres. The home takes full advantage of it's natural surroundings: bringing in the woodland views and natural light through plentiful windows, generously sized decks off the front and rear facades, and a roof deck with an outdoor fireplace. With about 2368 sq ft divided among five prefabricated modules, the home offers compact and efficient quarters made up of large open living spaces and cosy private enclaves.

La Dwell Home está ubicada en un terreno montañoso entre casi tres hectáreas de arboleda. La casa saca partido de su entorno natural, ofreciendo vistas al bosque y luz natural a través de una gran cantidad de ventanas, terrazas de un generoso tamaño en la fachada principal y en la trasera, y una azotea con una chimenea descubierta. Con un total de casi 220 m² divididos en cinco módulos prefabricados, la vivienda ofrece habitaciones compactas y eficientes creadas a partir de grandes espacios abiertos y acogedores enclaves privados.

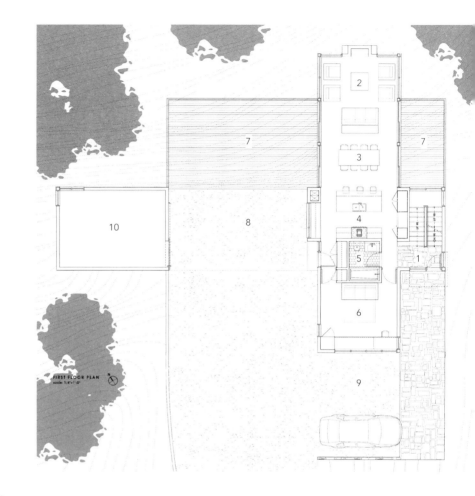

FIRST FLOOR PLAN
scale 1/4"=1'-0"

First floor

1. Main entrance
2. Living
3. Dining
4. Kitchen
5. Bathroom
6. Office / bedroom
7. Deck
8. Covered packing
9. Parking
10. Storage

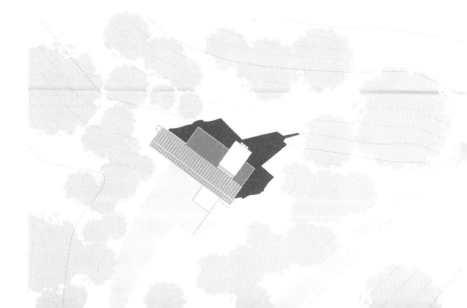

Site plan

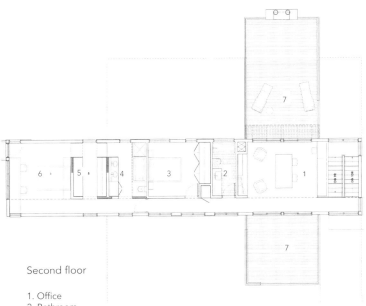

To meet the necessity of creating a liveable floor plan and a well-orchestrated flow of space, the ground floor is an open plan module containing a living room, dining area, and a kitchen that can be entirely open to the outside or enclosed by a curtain.

Para cumplir con la necesidad de crear una planta habitable y una fluidez del espacio bien organizada, la planta baja es un módulo espacioso que contiene la sala de estar, el comedor y una cocina que puede ser totalmente exterior o separarse con una cortina.

Second floor

1. Office
2. Bathroom
3. Bedroom
4. Master bath
5. Closet / dressing
6. Master bedroom
7. Terrace
8. Balcony

PREFABRICATED CONSTRUCTION
1. Communal module
2. Private module
3. Stair module
4. Storage module
5. Roof module

SITE WORK
A. Kitchen saddlebag
B. Living room fireplace / chimney
C. Balcony
D. Patio
E. Cedar siding
F. Brise soleil

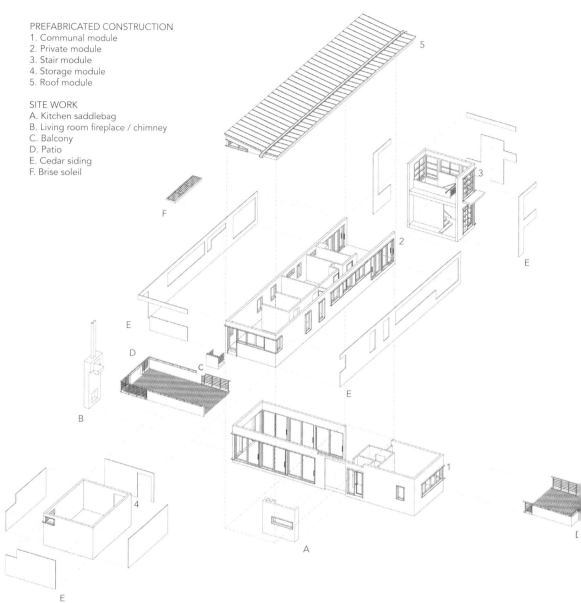

Axonometry

The Dwell Home's prefabricated modules take advantage of standard modular methods of construction and can be inexpensively produced in a factory environment. The modules are trucked to site and craned onto a site-built concrete foundation which houses all mechanical systems. The house is finished with additional site construction of elements that are not practical or economical to produce using off-site construction.

Se utilizó el método de construcción modular estándar para los módulos prefabricados de la Dwell Home, ya que pueden producirse económicamente en una fábrica. Los módulos se transportaron al lugar en un camión y se colocaron mediante una grúa sobre una base de hormigón construida en el emplazamiento, que disponía de todos los sistemas mecánicos. La vivienda se terminó con elementos de construcción adicionales que no son prácticos o económicos de producir en fábrica.

Sensitive to the clients' desire for more defined communal/private spaces, the private spaces are more compartmentalized making up the second story volume of the home.

Conscientes de que el cliente deseaba unos espacios comunes y privados más definidos, las zonas privadas están más compartimentadas al construir un volumen en el segundo piso de la casa.

Module 10 x 10

Stación-ARquitectura
Monterrey, Mexico
Photos © Ana Cecilia Garza Villarreal

This project saw environment and economics come together.
Monterrey University presented this prototype in answer to their
search for an alternative and more cost-effective construction system.
The structure is made from wood and the walls are constructed using
glass fibre that was left over from other works. The formal simplicity
belies its careful planning.

Medioambiente y economía se dan la mano en este proyecto. La
universidad de Monterrey presentó este prototipo como búsqueda
de un sistema de construcción alternativo y más económico. La
estructura es de madera y las paredes se construyeron con la fibra de
vidrio sobrante de otras obras. Una sencillez formal que esconde un
gran proceso de planificación.

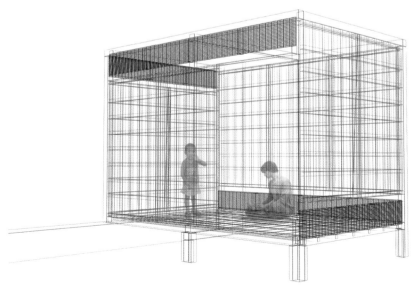

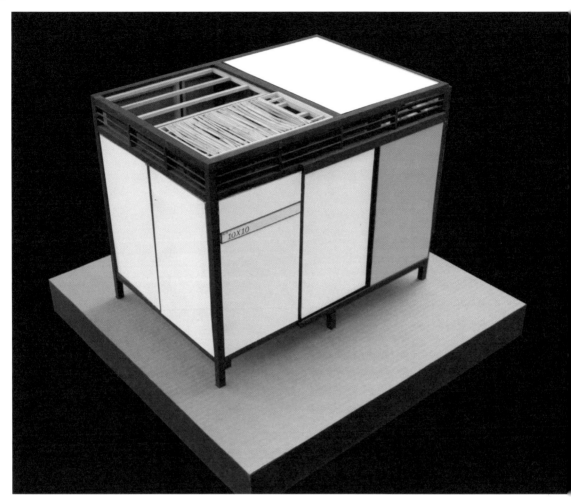

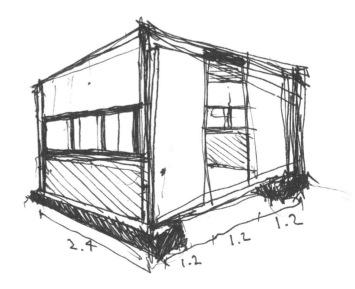

Design development sketches

Design development sketches

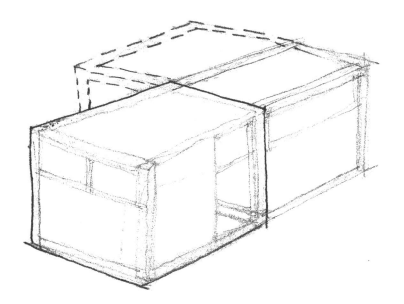

The prototype is built on stilts and the shell is ventilated with gaps between the layers in order to achieve the highest possible levels of insulation.

Para conseguir el mayor aislamiento posible el prototipo se construye sobre pivotes y la cubierta está ventilada con huecos entre las distintas capas.

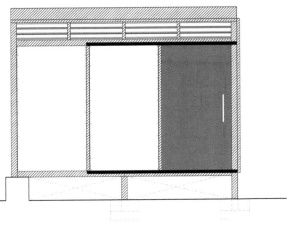

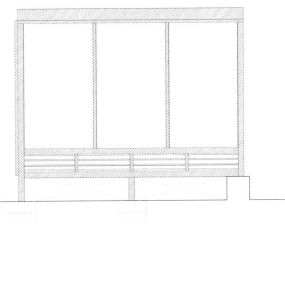

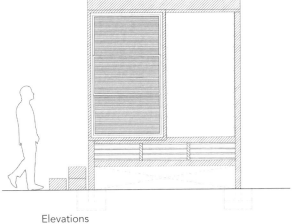

Elevations

62

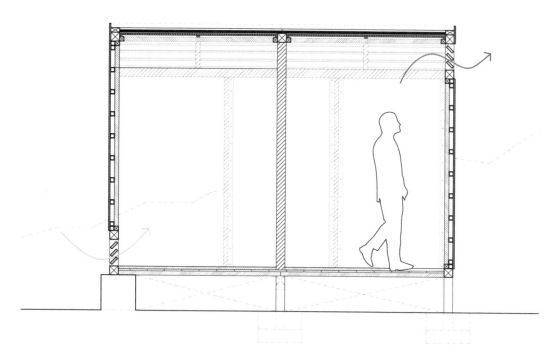

Bioclimatic diagrams

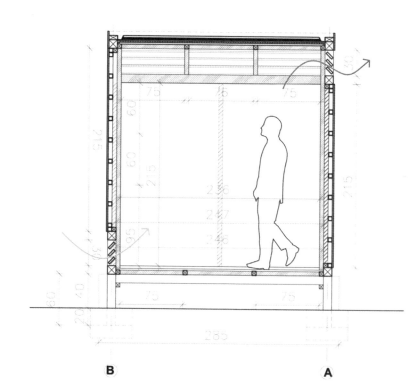

B   A

The passive ventilation system is one of the highlights of this home. Cool air enters through the wall grilles near the floor, while warm air leaves via the ceiling.

Destaca el sistema de ventilación pasiva. Por las rejillas en las paredes cerca del suelo entra el aire fresco y por las del techo sale el aire caliente.

Desert zen Retreta

House Port
Desert Hot Springs, CA, USA
Photos © Avery Meyers

The ingenious central idea of this project is hidden behind its minimalist lines.
These homes are composed of prefabricated modules (one, two or three of them
depending on the owner's needs), which share a roof but are not joined together,
thus just 2100 sq ft of the total 5400 sq ft is behind walls. The property is not
bound to its surroundings; it is a part of their very essence.

La idea central de este proyecto esconde su genialidad tras el minimalismo
de sus líneas. Una vivienda compuesta por módulos prefabricados (uno, dos
o tres según las necesidades del propietario) que comparten techo pero no están
unidos entre sí. De esta forma, de los 500 m² de la vivienda, solo 195 están entre
paredes. La vivienda no se une al entorno; el entorno es parte de su esencia.

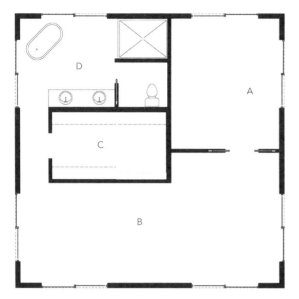

Master suite configuration

    A. Master sitting room
    B. Master bedroom
    C. Walk-in-closet
    D. Master bathroom

Double bedroom configuration

    A. Great room   E.Bathroom
    B. Dining area   F. Bedroom
    C. Kitchen   G.Guest bedroom/ Office
    D. Laundry room

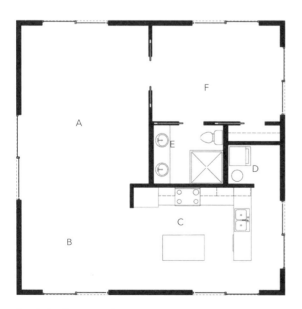

Single bedroom configuration

    A. Great room   D. Laundry room
    B. Dining room   E. Bathroom
    C. Kitchen   F. Guestroom/Studio

The modules are made of SIP panels and the ro
of galvanised metal. Both materials provide the
house with great heat and sound insulation.

Los módulos están compuestos de paneles
SIP, y el tejado de metal galvanizado. Ambos
materiales proporcionan un gran aislamiento
térmico y acústico a la casa.

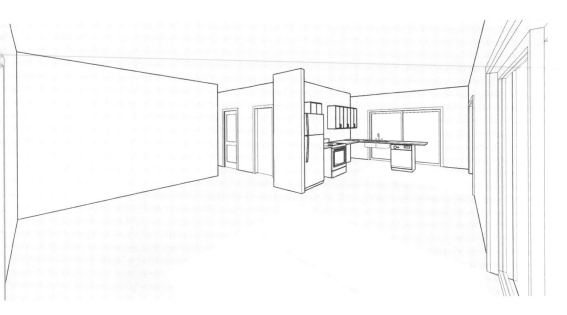

Beach style interior perspective

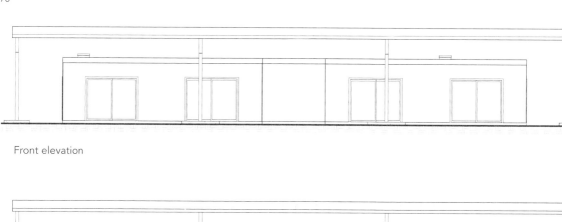

Front elevation

Back elevation

Right side elevation

Left side elevation

Within the modules the rooms are spacious and very bright, with huge windows that draw the exterior environment right into the house.

Dentro de los módulos, las habitaciones son amplias y muy luminosas, con grandes ventanales que acercan la zona exterior de la vivienda a la interior.

The Photographer's House

T2.a Architects
Pilis Mountains (near Budapest), Hungary
Photos © Batar Zsolt

The owner of this home, a renowned architectural photographer, wanted a house in the woods. He was looking for a quality home that could be constructed quickly, at low cost and with minimum impact on the environment. The result is a house that interacts with the forest no matter what the season: a source of inspiration for its owner.

El dueño, un conocido fotógrafo de arquitectura, quería tener una casa en el bosque. Buscaba una vivienda de calidad, cuya construcción no se demorase mucho en el tiempo, con un coste reducido y que impactase lo menos posible en el entorno. El resultado es una residencia que interactúa con el bosque todas las estaciones del año. Una fuente de inspiración para su propietario.

The house was built from laminated panels that were engineered in the factory. It was installed in two days, creating minimum impact on the environment.

La vivienda se construyó con paneles de madera laminada, hechos en fábrica. Se levantó en dos días, consiguiendo el mínimo impacto en el entorno.

Close collaboration between the architect and the owner was fundamental in designing a house that is both open to the forest and integrated within it.

La estrecha colaboración del arquitecto y el propietario durante el diseño fue fundamental para conseguir esta vivienda, que se abre al bosque y se integra en él.

Bronx Box

4 Architecture. Joseph Tanney, Robert Luntz
Bronx, New York City, USA
Photos © RES4

The house is clad in cement board with Ipe wood decks to keep maintenance issues at a minimum and to reflect similar colours and textures of the neighbourhood. The Bronx Box takes advantage of the efficiencies of off-site construction, holds itself to LEED for Homes standards and has been accepted as another unique personality in its Bronx neighbourhood.

La vivienda está revestida con tablones de cemento y madera de Ipé para reducir al mínimo el mantenimiento y reflejar de una manera similar los colores y texturas del vecindario. La Bronx Box saca provecho de la eficacia de la construcción en fábrica, respeta el sistema de certificación LEED (Liderazgo en Diseño de Energía y Medio Ambiente) de viviendas y ha sido bien aceptada por su personalidad única en el vecindario del Bronx.

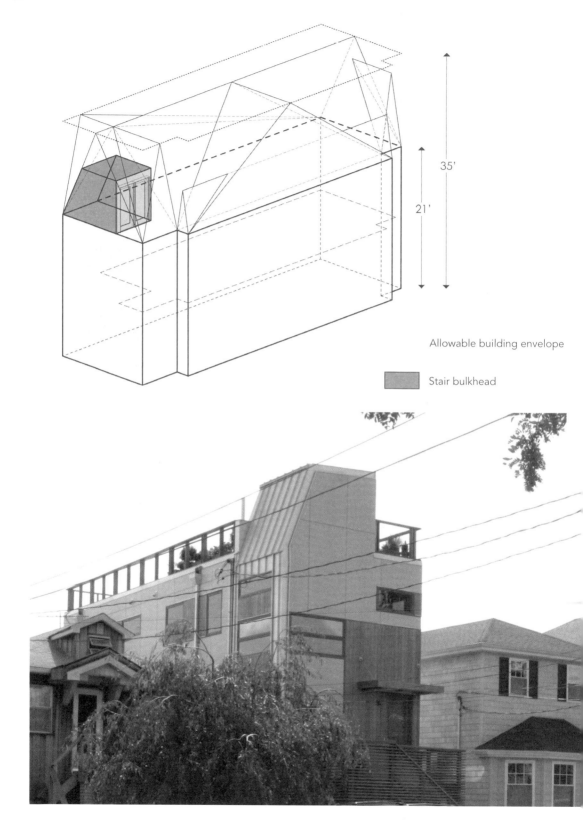

35'

21'

Allowable building envelope

Stair bulkhead

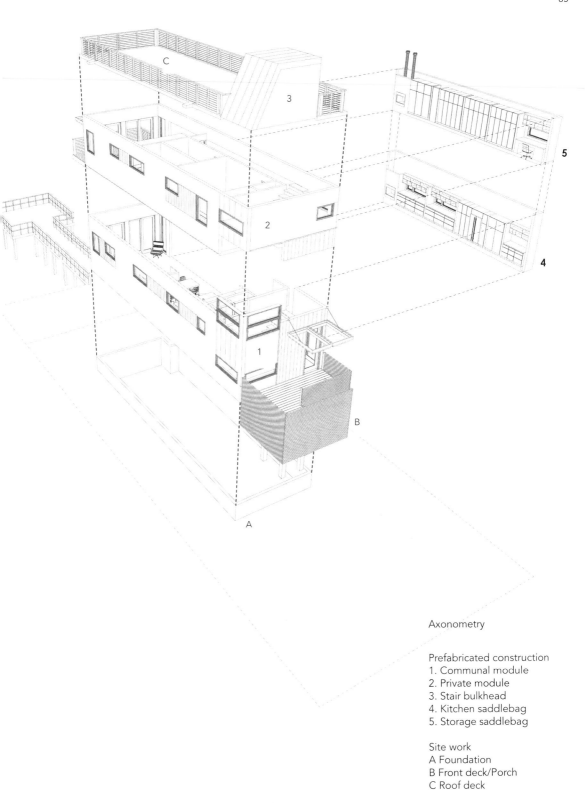

Axonometry

Prefabricated construction
1. Communal module
2. Private module
3. Stair bulkhead
4. Kitchen saddlebag
5. Storage saddlebag

Site work
A Foundation
B Front deck/Porch
C Roof deck

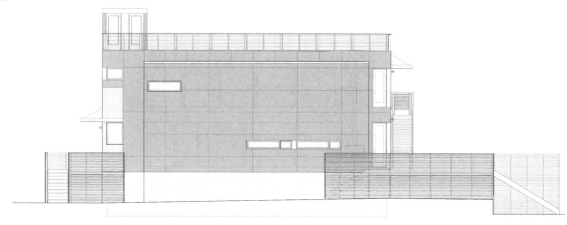

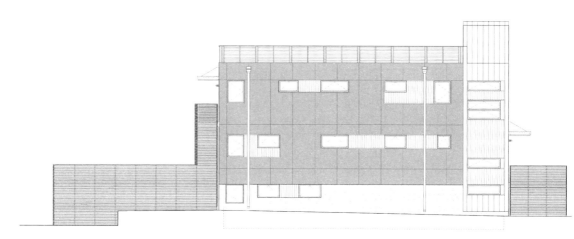

North elevation

The Single Bar Series provides the most economical
and efficient solution within the Modern Modular line of
prefabricated homes. Within a compact single unit, the home
contains two well-sized bedrooms with ample storage space.
Through use of an inverted pitched roof, the bar opens to its
surroundings, providing natural light throughout the house.

La serie Single Bar (un módulo) ofrece la solución más
económica y eficaz dentro de la línea Modern Modular de
casas prefabricadas. Con una unidad individual compacta,
la vivienda contiene dos dormitorios de buen tamaño con
amplio espacio de almacenamiento. Mediante un tejado
a dos aguas invertido, el módulo se abre al entorno,
proporcionando luz natural a toda la casa.

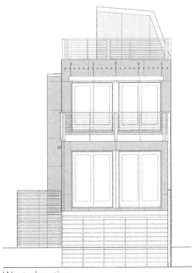

West elevation

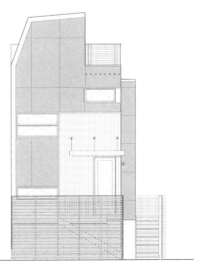

East elevation

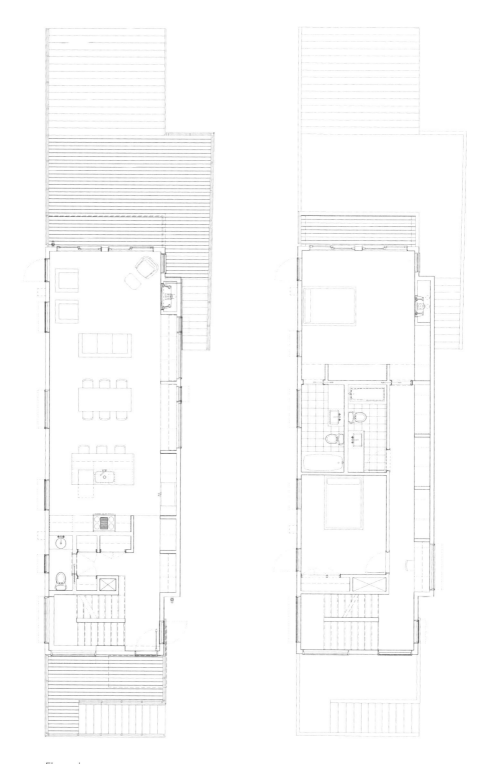

Floor plans

Berkshire House

4 Architecture. Joseph Tanney, Robert Luntz
Palenville, NY, USA
Photos © RES4

Berkshire House is a modification of the 2-Bar Bridge, L Series typology;
the Berkshire House is a further development of the original concept for the
Dwell Home, the first fully designed prototype of an economical prefabricated
Modern Modular home, designed by Resolution: 4 Architecture. Each RES4
Prefab design is modified and engineered specifically for each client and site.

La Berkshire House es una modificación del 2-Bar Bridge, que pertenece a
la tipología de serie L. Esta vivienda es una evolución del concepto original
de la Dwell Home, el primer prototipo completamente diseñado de una casa
Modern Modular prefabricada económicamente y creada por Resolution:
4 Architecture. Cada diseño de la RES4 Prefab se modifica y produce
específicamente para cada cliente y lugar.

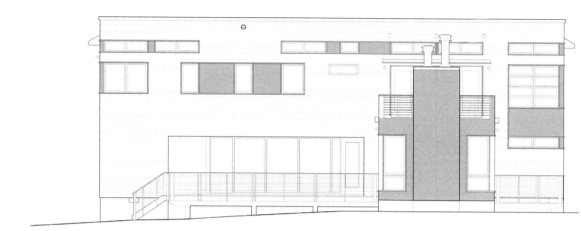

North elevation

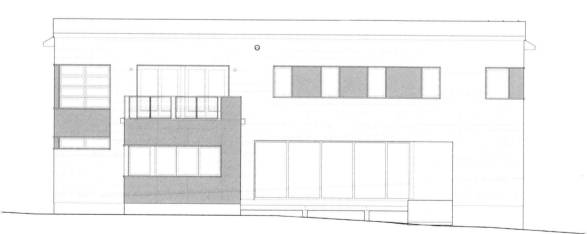

South elevation

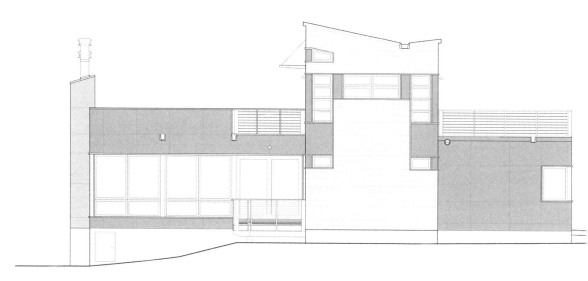

East elevation

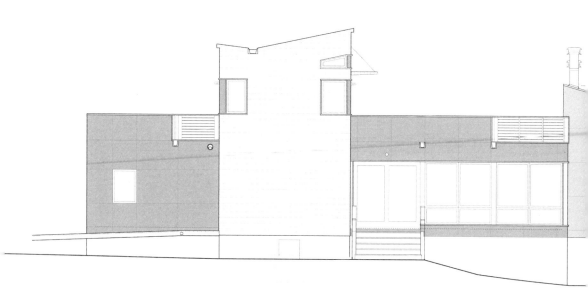

West elevation

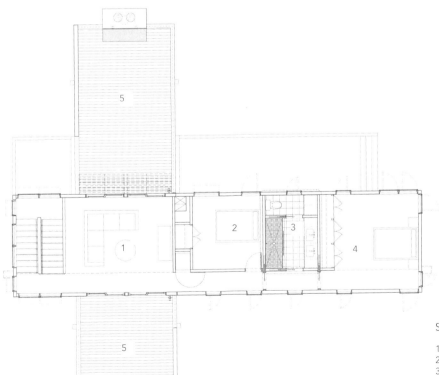

Second floor

1. Media room
2. Bedroom
3. Bathroom
4. Bedroom
5. Roof deck

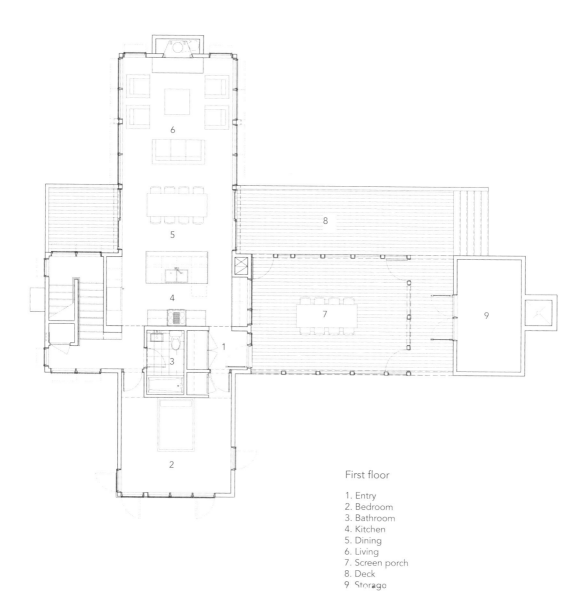

First floor

1. Entry
2. Bedroom
3. Bathroom
4. Kitchen
5. Dining
6. Living
7. Screen porch
8. Deck
9. Storage

Green roofs have also been introduced into many RES4 Prefab. These roofs significantly decrease the amount of storm-water run-off, building energy requirements, air and noise pollution, provide for useable outdoor patio spaces, and give way to a longer lasting roof system.

También se han introducido tejados ecológicos en las casas de RES4: disminuyen significativamente la escorrentía del agua de lluvia, los requerimientos energéticos de la casa y la contaminación atmosférica y acústica; proporcionan espacios exteriores utilizables y dan paso a un sistema de tejado más duradero.

Containers of Hope

Benjamin Garcia Saxe Architecture
San José, Costa Rica
Photos: © Andres Garcia Lachner

The final cost of the house (40,000 USD) is lower than the cost of social housing provided for the poor in Costa Rica. Gabriela Calvo and Marco Peralta dreamed of living in their fantastic property 20 minutes outside of the city of San Jose; where they could be with their horses and enjoy the natural landscape. They made the very bold choice of exploring with the architect the possibility of creating a very inexpensive house made out of disregarded shipping containers that allowed them to be dept free and live the life they always dreamed of.

El coste final de la casa (40.000 dólares) ha resultado ser más bajo que el coste de las viviendas sociales para los pobres en Costa Rica. Gabriela Calvo y Marco Peralta soñaban con vivir en su fantástica propiedad a las afueras de la ciudad de San José. A solo 20 minutos de la ciudad, podían estar con sus caballos y disfrutar del paisaje natural. Tomaron la valiente decisión de explorar junto con el arquitecto la posibilidad de crear una casa muy económica hecha de contenedores abandonados que les permitieran ser totalmente libres y vivir la vida que siempre habían soñado.

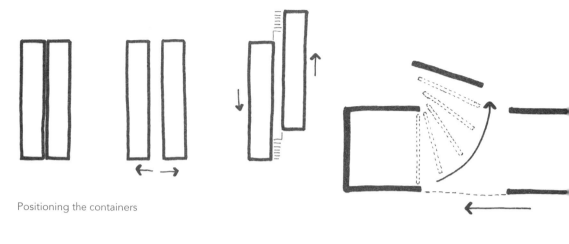

Positioning the containers

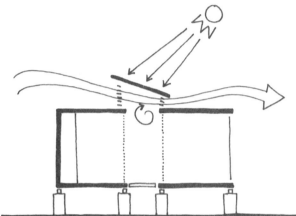

Refrigeration scheme

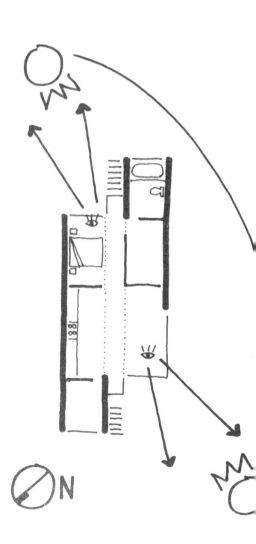

A roof between the two containers, made from the scrap pieces of metal taken to make the windows, not only creates an internal sensation of openness but also provides a cross ventilation which is surprisingly sufficient enough to never have to turn the air conditioning on.

El techo que hay entre los dos contenedores, construido con los trozos de metal sobrantes de las ventanas, proporciona no solo una sensación de amplitud en el interior, sino también una ventilación cruzada que, sorprendentemente, es suficiente para no tener que encender el aire acondicionado nunca más.

This proposal could become one alternative to solve the issue of disposing of disregarded shipping containers in developing countries, as well as begin to solve the large gap which first time buyers encounter when purchasing a home.

Esta propuesta podría convertirse en una alternativa para resolver el problema del desecho de contenedores abandonados en los países desarrollados, así como solucionar el gran obstáculo con el que se encuentran los primeros compradores a la hora de adquirir una casa.

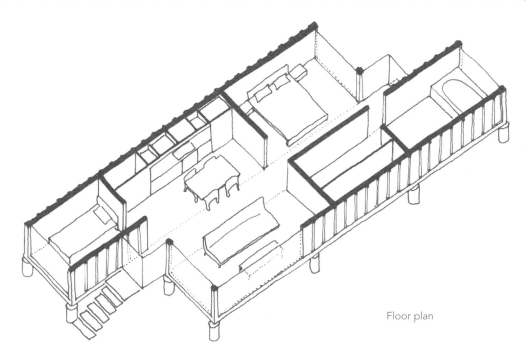

Floor plan

X-Line 014

Hive Modular
Calgary, AB, Canada
Photos © Hive Modular

Maximum space and light. The owners wanted a new house that would not contradict the existing aesthetic of the neighbourhood and this prefabricated six-module home meets all their requirements. The heart of the home is the living room with fireplace. The double-height ceiling and large windows within the front and back façades bring a feeling of light and space to the home.

Más espacio y luz. Los propietarios querían una nueva casa que no chocase frontalmente con la estética del vecindario. Esta vivienda prefabricada compuesta de seis módulos cumple con todos los requisitos. El corazón del proyecto es el salón con chimenea. Su doble altura y los amplios ventanales a la fachada principal y trasera llenan de luz y espacio todo el hogar.

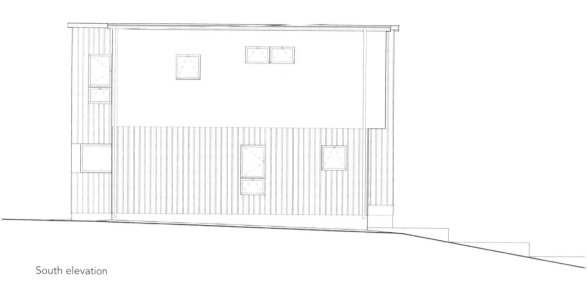

South elevation

West elevation

The units were built entirely at the Hive Modular factory. They were then moved to their final location to be installed and assembled in situ.

Los módulos se construyeron íntegramente en la fábrica de Hive Modular. Posteriormente se trasladaron a su ubicación final para el montaje y ensamblaje in situ.

Main floor plan

A. Garage
B. Storage
C. Mud room
D. Craft room
E. Bathroom
F. Theater
G. Mechanical room

H. Entry porch
I. Entry foyer
J. Powder room
K. Dining room
L. Kitchen
M. Living room
N. Bedroom

O. Den
P. Hallway
Q. Laundry room
R. Open to below
S. Walk-in-closet
T. Master bathroom
U. Master bedroom

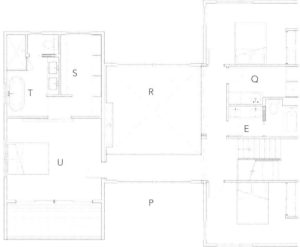

Upper floor plan

Basement floor plan

Plenty of sunlight yet plenty of privacy. The house features large windows and a terrace on the front facade, away from the street and neighbours.

Downstairs is a spacious open-plan area comprising living room, dining room and kitchen. The large windows enable light to flow throughout the property.

Mucha luz solar, preservando la intimidad de los ocupantes. La casa ofrece grandes ventanales y una terraza en la fachada delantera, lejos de los vecinos y de la calle.

En la planta baja se abre una amplia zona diáfana que comprende el salón, el comedor y la cocina. Sus grandes ventanales hacen que fluya la luz a toda la residencia.

Unimog House

Fabian Evers Architecture and Wezel Architektur
Ammerbuch, Germany
Photos © Michael Schnabel, Sebastian Berger

A huge challenge: to build a combined home and workshop on a very tight budget on a busy street, surrounded by houses and farms. It was achieved by using two overlapping modules with different finishes in order to separate the two areas. The end result is an unconventional building that makes the most of its resources to ensure the comfort of its inhabitants.

Un desafío de gran potencial: construir con un presupuesto muy ajustado una vivienda-taller, junto a una calle con mucho tráfico y rodeada de casas y granjas. Se resolvió mediante el uso de dos módulos superpuestos, con distintos acabados para separar tareas. El resultado final es una edificación poco convencional que aprovecha al máximo sus recursos para el confort de sus habitantes.

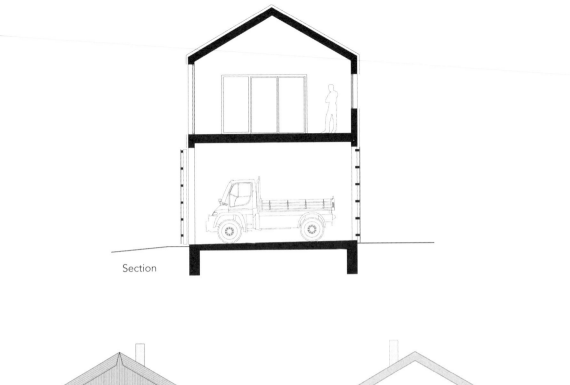

Section

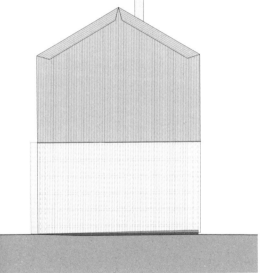

East elevation

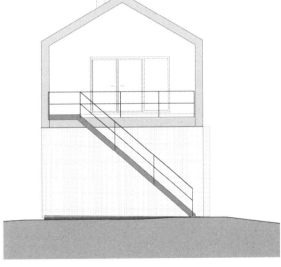

West elevation

The ground-floor workshop frontage is is made of translucent polycarbonate panels that allow sunlight in during the day while blocking it out at night.

La fachada del taller en la planta baja está hecha con paneles de policarbonato traslúcido, que deja pasar la luz solar durante el día y la desprende por la noche.

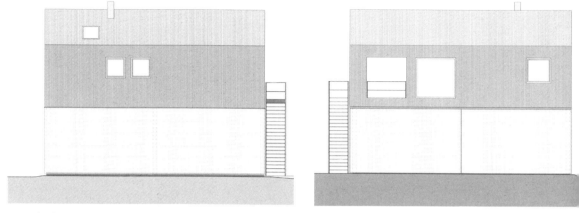

North elevation

South elevation

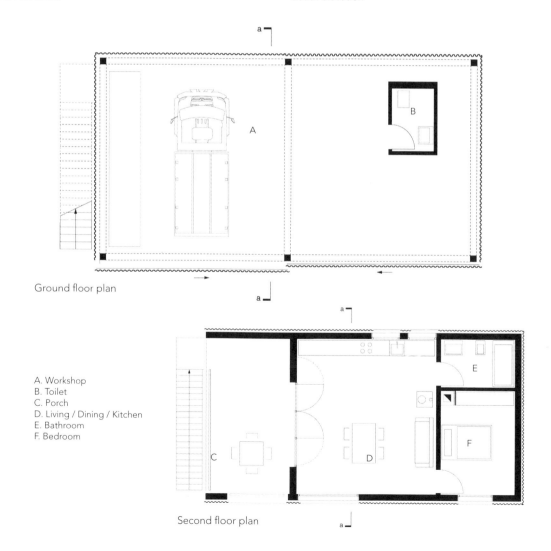

a

Ground floor plan

a

a

A. Workshop
B. Toilet
C. Porch
D. Living / Dining / Kitchen
E. Bathroom
F. Bedroom

Second floor plan

a

Treehouse Cabo da Roca

Appleton e Domingos Arquitectos
Cabo da Roca, Azóia, Portugal
Photos © Fernando Guerra, FG+SG and Pedro Ferreira

Situated in a coastal area near Lisbon, this 2,691 sq ft house consists of two off-centred storeys, creating a less compact space as well as more defined outside areas (patios and terraces) which connect the house to its external surroundings. The building is constructed entirely in wood and the assembly of the 11 modules took just 12 hours.

Esta casa de 250 m² situada en una zona costera cercana a Lisboa presenta dos plantas desfasadas, que permiten un volumen menos compacto y la creación de espacios exteriores más definidos (patios y terrazas), que unen la casa con el exterior. Enteramente construida en madera, el montaje de los once módulos y su ensamblaje in situ duró apenas 12 horas.

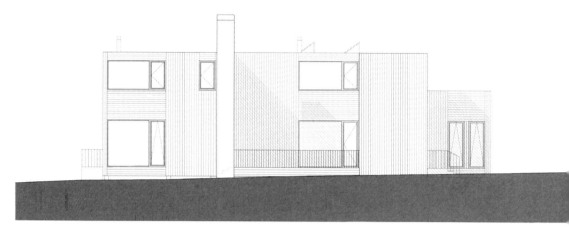

East elevation

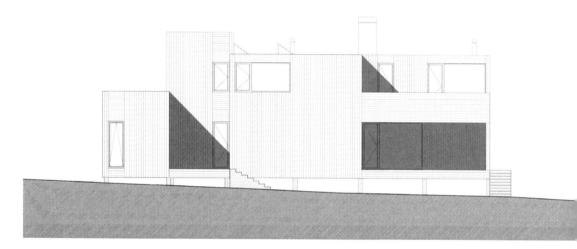

West elevation

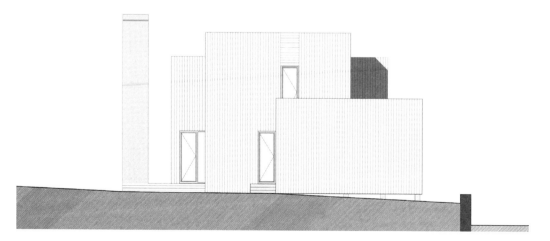

North elevation

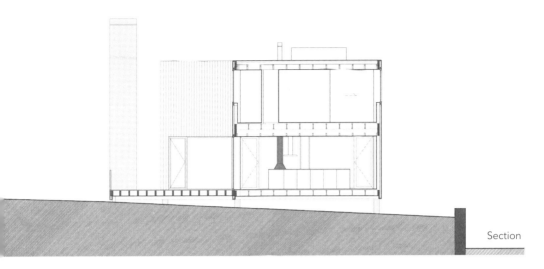

Section

By using a lightweight material such as wood in the structure and cladding of the building, the costs and the environmental impact of this house are reduced.

Al usar un material ligero como la madera en la estructura y revestimientos del edificio, se reducen los costes medioambientales y económicos del proyecto.

Ground floor plan

Second floor plan

This modular system is characteristic for its flexibility, allowing for greater customisation of the design and more possibilities for changes in the future.

El sistema modular usado destaca por su flexibilidad, permitiendo una gran personalización del diseño y la posibilidad de cambio en el futuro.

Island House

2by4-architects
Loosdrechtse, The Netherlands
Photos © 2by4-architects

This house was not originally conceived as a prefab, but its growing popularity let the design team to create a prefab version. The new design is more affordable and faster to build, while at the same time, it maintains the features of the original design. Its flexible design makes it suitable for a wide range of uses.

En su origen no era una casa prefabricada pero, conforme creció su popularidad, el equipo de arquitectura decidió crear una versión que sí lo fuera. Este nuevo diseño reduce tanto costes como tiempo de construcción y, al mismo tiempo, conserva las características del original. Un diseño flexible que permite una gran variedad de usos.

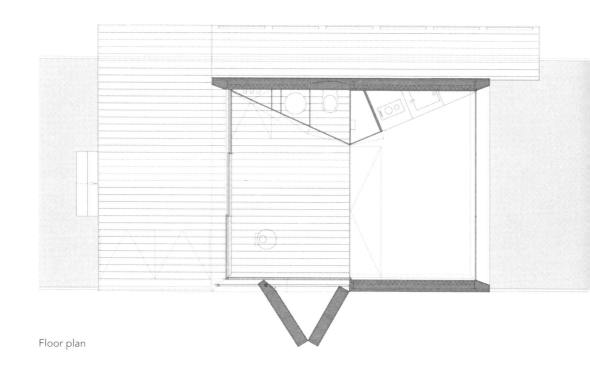

Floor plan

Sketch

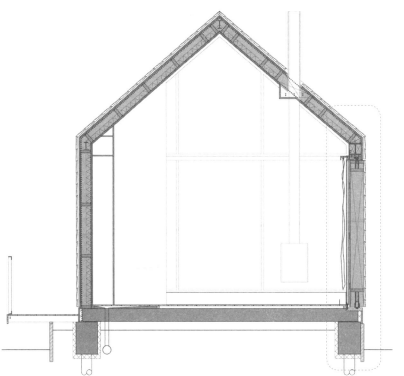

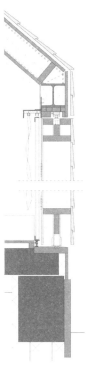

Section

Wall section detail